Francisco do Espírito Santo Neto
ditado por **Hammed**

Sol do Amanhecer

Citações iluminadas pelas verdades universais

As citações contidas nesta obra foram extraídas do livro **"Renovando Atitudes"**

**Dados Internacionais de Catalogação na Publicação (CIP)
(Câmara Brasileira do Livro, SP, Brasil)**

Hammed (Espírito) .
    Sol do Amanhecer : citações iluminadas pelas verdades
universais / pelo espírito Hammed ; [psicografado por]
Francisco do Espírito Santo Neto. -- Catanduva, SP :
Boa Nova Editora, 2001.

ISBN 85-86470-21-X

1. Espiritismo 2. Máximas 3. Meditações
4. Psicografia I. Santo Neto, Francisco do Espírito.
II. Título.

01-4236   CDD-133.93

Índices para catálogo sistemático:
1. Mensagens psicografadas : Espiritismo 133.93

Impresso no Brasil/*Presita en Brazilo*

Francisco do Espírito Santo Neto
ditado por **Hammed**

Sol do Amanhecer

———— ⚜ ————

Citações iluminadas pelas verdades universais

BN
boa nova

Instituto Beneficente Boa Nova
Entidade coligada à Sociedade Espírita Boa Nova
Av. Porto Ferreira, 1.031
Catanduva/SP | CEP 15809-020
www.boanova.net | boanova@boanova.net
17 3531.4444 | 17 99257.5523

7ª edição
Do 20.300º ao 20.400º milheiro
100 exemplares
Setembro/2025

© 2001-2025 by Boa Nova Editora.

Capa
Paisagem canadense
Direção de arte
Francisco do Espírito Santo Neto
Designer
Jurandyr Godoy Bueno

Revisão
Paulo César de Camargo Lara

Editoração eletrônica
Cristina Fanhani Meira

Impressão
Renovagraf

Todos os direitos estão reservados.
Nenhuma parte desta obra pode ser reproduzida ou
transmitida por qualquer forma e/ou quaisquer meios
(eletrônico ou mecânico, incluindo fotocópia e
gravação) ou arquivada em qualquer sistema ou
banco de dados sem permissão escrita da Editora.

O produto da venda desta obra é destinado à
manutenção das atividades assistenciais da
Sociedade Espírita Boa Nova, de Catanduva, SP.

1ª edição: Setembro de 2001 - 10.000 exemplares

Coleção "Fonte de Inspiração"

A Coleção "Fonte de Inspiração" reúne os livros *Sol do Amanhecer, Espelho d'Água, Além do Horizonte, Orvalho da Manhã, Folhas de Outono e Águas da Fonte*. São as mais luminosas citações do espírito Hammed, psicografadas pelo médium Francisco do Espírito Santo Neto, reunidas em pequenos livros de cabeceira. Estas sábias e luminosas citações nos auxiliam a meditar sobre lições da vida eterna. O leitor encontrará conceitos atinentes à Espiritualidade, à Natureza, ao Universo interno e externo em que vivemos, além de questionamentos profundos acerca dos atos e atitudes do próprio homem.

Nota do Médium

Nestes pequenos livros* de frases-pensamentos condensamos algumas das idéias e reflexões mais felizes de nosso benfeitor Hammed. A meu ver, são livros de cabeceira natos, uma verdadeira coleção de citações sábias e luminosas que nos auxiliam a meditar sobre lições de vida eterna.

O leitor encontrará conceitos atinentes à Espiritualidade, à Natureza, ao Universo interno e externo em que vivemos, além de questionamentos profundos acerca dos atos e atitudes do próprio homem.

Nada, portanto, me foi mais grati-

---

* **Nota da Editora:** o médium se refere à coleção dos livros: "Sol do Amanhecer", "Espelho d'Água", "Além do Horizonte", "Orvalho da Manhã", "Folhas de Outono" e "Águas da Fonte".

ficante que recolher, em meio de várias idéias e máximas que me foram transmitidas através da mediunidade, frases e citações que me elucidaram dúvidas, me orientaram em decisões mais sérias e me fizeram repensar diferentes comportamentos dos seres humanos e inúmeras facetas da existência terrena.

Penso comigo mesmo: se estas páginas proporcionarem ao leitor a compreensão do mundo e a alegria de viver que a mim mesmo proporcionou, ficarei profundamente recompensado da finalidade que me animou na sua produção. E isso para mim será motivo de satisfação do dever cumprido, restando-me apenas solicitar aos Benfeitores Amigos que continuem me aceitando como modesto aprendiz das verdades imortais.

Francisco do Espírito Santo Neto

Catanduva, Agosto de 2001

*C*ada ser está num determinado estágio evolutivo e, portanto, fazendo tudo o que lhe é possível fazer no momento, ou seja, conduzindo-se no agora com o melhor de si mesmo.

*N*ão viemos a este mundo a fim de agradar os outros ou viver à moda deles, mas para aprender a amar a nós mesmos e aos outros, sem condições.

*A*firmar aos outros quais atitudes eles deveriam ter é desrespeitar sua natureza íntima, ou seja, seu próprio grau de crescimento espiritual.

*N*ossa visão sobre as coisas pode enganar-nos, pode estar disforme sob determinados pontos de vista, pois em realidade ela se forjou entre as nossas convicções mais profundas, sobre aquilo que nós convencionamos chamar de certo e errado, isto é, verdadeiro ou falso.

*E*star na "cabeça" não é o mesmo que "estar na alma inteira".

⁂

*Q*uando Paulo de Tarso definiu a verdadeira caridade, diferenciou-a completamente da prestação de serviços aos outros, da distribuição de esmolas, da assistência social, da ajuda patológica aos dependentes afetivos, de compensações de baixa estima, ou de tudo que se referia a atitudes exteriores, sem qualquer envolvimento do amor verdadeiro.

𝒯alvez a maior dificuldade que enfrentamos para entender novas idéias seja a tendência que temos de retomá-las ou tentar explicá-las utilizando nossa maneira habitual de ver e sentir, e retraduzindo tudo em linguagem coloquial e convencional.

𝒮ão os nossos comportamentos interiores que modificam o comportamento dos outros para conosco.

Nossa vida mais lúcida, mais íntegra, mais prazerosa, mais criativa e indissolúvel se desenvolve dentro de nós mesmos, nas atividades recônditas dos pensamentos, dos sentimentos, da imaginação produtiva e da consciência profunda.

A morte física não nos tira a vida, mas simplesmente faz com que passemos a transitar por novos caminhos.

$\mathcal{O}$s freqüentes julgamentos que fazemos em relação às outras pessoas nos informam sobre tudo aquilo que temos por dentro.

~C~

$\mathcal{N}$ão é propriamente nosso corpo o responsável pelas intenções, emoções e sentimentos que ressoam em nossos atos e atitudes, mas nós mesmos, almas em processo de aprendizagem e educação.

Melhor do que medir ou apontar o comportamento de alguém seria tomarmos a decisão de visualizar bem fundo nossa intimidade, e nos perguntarmos onde está tudo isso em nós.

Jesus exemplificou as belezas naturais terrenas comparando-as com o Reino dos Céus, fazendo desta forma um elo divino, isto é, uma ligação de amor entre os Céus e a Terra.

$\mathcal{S}$ó poderemos nos reabilitar ou reformar até onde conseguimos nos perceber; ou seja, aquilo que não está consciente em nós dificilmente conseguiremos reparar ou modificar.

✧

$\mathcal{P}$reconceitos são as raízes de nossa infelicidade e sofrimento neurótico, pois deterioram nossa visão da vida como uma lasca que inflama a área de nosso corpo em que se aloja.

Quando não enxergamos a nós mesmos, nossos comportamentos perante os outros não são totalmente livres para que possamos fazer escolhas ou emitir opiniões.

Homens sensíveis são todos aqueles que aprenderam a focalizar intensamente a essência das coisas. Sabem sintetizar e observar sem julgamentos prévios as ocorrências e assuntos, examinando-os como eles se apresentam realmente.

𝒯endências ou pensamentos julgadores estão sedimentados em nossa memória profunda, são subprodutos de uma série de conhecimentos que adquirimos na idade infantil e também através das vivências pregressas.

↣

𝒪 que chamamos de "sofrimento" é simplesmente "resultado" de nossa falta de habilidade para desenvolver as coisas corretamente.

𝒫or não estarmos realizando um constante exercício de auto-observação, quase sempre deduzimos ou captamos a realidade até certo ponto e depois concluímos o restante a nosso bel-prazer, criando assim ilusões e expectativas desgastantes.

𝒮er humilde é auscultar a origem real das coisas, não com os olhos da ilusão, mas com os da realidade.

𝒥ulgar uma ação é diferente de julgar a criatura. Posso julgar e considerar a prostituição moralmente errada, mas não posso e não devo julgar a pessoa prostituída.

※

𝒫rudência não é preocupação, porque enquanto uma é sensata e moderada, a outra é irracional e tolhe o indivíduo, prejudicando-o nos seus projetos e empreendimentos do hoje.

Certas religiões utilizam-se freqüentemente da culpa como meio de explorar a submissão de seus fiéis. Usam o nome de Deus e suas leis como provedores do mecanismo de punição e repressão.

Efetivamente, nosso caminho é o melhor que podíamos escolher, porque em verdade optamos por ele, na época, segundo nosso nível de compreensão e de adiantamento.

*H*á criaturas que tentam amar comprando pessoas, omitindo e negando suas necessidades e metas existenciais, abandonando tudo que lhes é mais caro e íntimo e depois, por terem aberto mão de todos os seus gostos e desejos, perdem o sentido de suas próprias vidas

*F*ilhos não são seus, mas "almas eternas" em estágio temporário no recinto de nosso lar. São criaturas de Deus a caminho da luz.

*A*lguns delegam o controle de si mesmos aos outros, cometendo assim, em "nome do amor", o desatino de renunciar ao próprio senso de dignidade.

*D*as "velhas doenças" nos libertaremos quando as velhas recordações do "não-perdão" deixarem de comandar o leme de nossas vidas.

$\mathcal{O}$ ser humano é um verdadeiro campo magnético, atraindo pessoas e situações, as quais se sintonizam amorosamente com seu mundo mental, ou mesmo de forma antipática com sua maneira de ser.

$\mathcal{C}$ada ser humano tem um ponto de vista que é válido, conforme sua idade espiritual.

Com freqüência, escolhemos, avaliamos e emitimos opiniões e, conseqüentemente, atraímos tudo aquilo que irradiamos.

A completa satisfação é de poucos, ou seja, somente daqueles que já descobriram que não é necessário compreender como os outros percebem a vida, mas sim como nós a percebemos, conscientizando-nos de que cada criatura tem uma maneira única de ser feliz.

𝒫oder-se-á dizer que um comportamento é completamente livre para eleger um conceito eficaz somente quando as decisões não estão confinadas a padrões mentais rígidos e inflexíveis

ᗡ

ℐmpraticável tentar vestir mãos diferentes com a mesma luva ou enquadrar todas as crianças em igual padrão educativo.

*N*ossos julgamentos serão sempre os motivos de nossa liberdade ou de nossa prisão no processo de desenvolvimento e crescimento espiritual.

*E*m muitas circunstâncias, as reações educativas dos pais não atendem basicamente às necessidades dos filhos, porém às deles mesmos. Inconscientemente, tentam educá-los através das projeções de seus conflitos.

*C*ertas fixações pelo desempenho perfeito são necessidades de aprovação e carinho que nasceram durante a infância: "Se você não fizer tudo certinho, a mamãe e o papai não vão gostar mais de você". São vozes do passado que ecoam até hoje nas mentes perfeccionistas.

*E*stamos de tal maneira arraigados ao passado que deixamos de crer que possam existir novas maneiras de ver e interpretar.

As estradas que nos levam à felicidade fazem parte de um método gradual de crescimento íntimo cuja prática só pode ser exercitada pausadamente, pois a verdadeira fórmula da felicidade é a realização de um constante trabalho interior.

Devemos aguçar nossa capacidade de decidir, de optar e de escolher cada vez mais livre das opiniões alheias.

$\mathcal{N}$osso principal objetivo é progredir espiritualmente e, ao mesmo tempo, tomar consciência de que os momentos felizes ou infelizes de nossa vida são o resultado direto de atitudes distorcidas ou não, vivenciadas ao longo do nosso caminho.

❀

$\mathcal{O}$ que importa é como somos hoje e qual é nossa determinação de buscar nosso progresso espiritual.

No auditório da vida todos somos "atores" e "escritores" e, ao mesmo tempo, "ouvintes" e "espectadores" de nossos próprios discursos, feitos e atitudes.

Admitir e aceitar os outros como eles são nos permite que eles nos admitam e nos aceitem como somos.

𝒫essoas inseguras e insuficientemente maduras educam os filhos da mesma maneira que foram criadas, repetindo para sua atual família os mesmos comportamentos "superprotetores" que vivenciaram na fase infantil.

ᴠ⊂

ℰxistem almas que cultivam a dor como pretexto para sentirem-se mais vivas e mais estimuladas.

𝒜 exigência de perfeição é considerada a pior inimiga da criatura, pois a leva a uma constante hostilidade contra si mesma, exigindo-lhe capacidades e habilidades que ela ainda não possui.

𝒴

𝒬uando esperamos que os outros supram nossas carências e nos façam felizes gratuitamente, não estamos de fato amando, mas explorando-os.

𝓕elicidade não é simplesmente a realização de todos os nossos desejos; é antes a noção de que podemos nos satisfazer com nossas reais possibilidades.

∼

𝓞s preconceitos de classe social, cor e sexo caem por terra, já que pela roda das encarnações sucessivas poderemos habitar os mais diferentes corpos e pertencer às mais diversas castas da sociedade.

A estratégia da preocupação é nos manter distantes do momento presente, imobilizando as realizações do agora em função de coisas que poderão ou não acontecer.

A subserviência pode esconder falta de iniciativa, passividade indesejável, complexo de inferioridade e uma imaturidade de personalidade.

𝒮eremos avaliados pela Divina Providência, de conformidade com as possibilidades do "saber" e "sentir", isto é, segundo a nossa maneira de ver a nós próprios e o mundo que nos rodeia.

ᑦ

𝒪 erro nunca será motivo de abatimento e paralisação e sim de estímulo ao aprendizado.

$\mathcal{O}$ transtorno dos perfeccionistas é não se aceitarem como espíritos falíveis, não aceitando também os outros nessa mesma condição, tentando assim agradar a todos.

$\mathcal{S}$e os rios e as florestas morrerem, os homens também perecerão de modo parcial. Todos nós somos Natureza, somos vida em abundância.

Cada um percebe de forma dissemelhante os estímulos da Vida, decodifica-os e em seguida os reelabora, formando assim sua própria individualidade.

Nossos pensamentos determinam nossa vida e, conseqüentemente, são eles que modelam nosso corpo. Portanto, somos nós, fisicamente, o produto do nosso eu espiritual.

*R*elativos e não generalizados devem ser os modos de ver as coisas e as pessoas.

ッ

O ser humano que se sujeita a ordens de comando vive constantemente numa confusão mental, absorvendo na atmosfera íntima uma sensação de "não ter agradado o suficiente".

*A*ngústias e aflições são bússolas a nos indicar que, ou quando, devemos mudar nossa maneira de agir e pensar.

*T*eu primordial compromisso é contigo mesmo, e tua tarefa mais importante na Terra, para a qual és o único preparado, é desenvolver tua individualidade no transcorrer de tua longa jornada evolutiva.

Coisas inadequadas que vemos em outras pessoas podem ser naturais nelas, ou mesmo do "tempo da sua ignorância", e representam características próprias de sua etapa evolucional

Olhando para trás, a alma não caminha resoluta e, conseqüentemente, não se liberta dos grilhões do passado.

𝒯odo comportamento julgador estará, na realidade, estabelecendo não somente uma sentença, ou um veredicto, mas, ao mesmo tempo, um juízo, um valor, um peso e uma medida de como julgaremos a nós mesmos.

※

𝒩a vida, não existe antecipação nem adiamento, somente o tempo propício de cada um.

Não podemos nos esquecer de que aquele que se compara com os outros acaba se sentindo elevado ou rebaixado. Nunca se dá o devido valor e nunca se conhece verdadeiramente.

⁂

O Criador da Vida é infinita Bondade e Compreensão e que sempre vê com os "olhos do amor", nunca punindo suas criaturas; na realidade, são elas mesmas que se autopenalizam.

$\mathcal{M}$uitos acreditam que seus deveres são corrigir e reprimir as atitudes alheias. Vivem em constantes flutuações existenciais por não saberem esperar o fluxo da vida agir naturalmente.

~

$\mathcal{L}$ivres são os seres humanos que notaram que não podem modificar o mundo dos outros, mas apenas o seu próprio mundo.

Precisamos compreender que nossos objetivos e finalidades de vida têm valor unicamente para nós; os dos outros, particularmente para eles.

Nossa ansiedade não faz com que as árvores dêem frutos instantâneos, nem faz com que as roseiras floresçam mais céleres. Respeitemos, pois, as possibilidades e as limitações de cada indivíduo.

A consciência da criatura, para que seja receptiva, precisa estar munida de "despertamento natural" e "amadurecimento psicológico".

※

"Simples" são os espontâneos, porque abandonaram a hipocrisia e aprenderam a se desligar quando preciso do mundo externo, a fim de deixar fluir amplamente no seu mundo interior as correntezas da luz.

$\mathcal{P}$odemos experimentar culpa e condenação, perdão e liberdade de acordo com os nossos valores, crenças, normas e regras, vigentes, podendo variar de indivíduo para indivíduo, conforme seu país, sexo, raça, classe social, formação familiar e fé religiosa.

$\mathcal{D}$evemos compreender que cada um de nós está cumprindo um destino só seu, e que as atividades e modos das outras pessoas ajustam-se somente a elas mesmas.

$\mathcal{P}$or possuirmos crenças negativas de que perdoar é "ser apático" com os erros alheios, ou mesmo, é aceitar de forma passiva tudo o que os outros nos fazem, é que supomos estar perdoando quando aceitamos agressões, abusos, manipulações e desrespeito aos nossos direitos e limites pessoais, como se nada tivesse acontecendo.

$\mathcal{C}$ada situação é sempre nova e cada pessoa é sempre um mundo à parte.

Cremos no que nos disseram, e, embora não sejam situações vivenciadas ou experimentadas por nós, aceitamos como "verdades absolutas", quando de fato eram "conceitos relativos".

※

Não precisamos ter a preocupação de "desenvolver mediunidade", porque ela, por si só, se desenvolverá.

Se Deus nos gerou falíveis, não poderá exigir-nos comportamentos sempre irrepreensíveis, pois conhece nossas potencialidades e limites.

❧

O poder da palavra em nossa vida é fundamental, e, se observarmos a reação de nossas afirmações e atos, descobriremos que eles não retornarão jamais vazios, mas repletos do material emitido.

$\mathcal{O}$ ser humano, muitas vezes, confunde o "ato de perdoar" com a negação dos próprios sentimentos, emoções e anseios, reprimindo mágoas e usando supostamente o "perdão" como desculpa para fugir da realidade.

$\mathcal{S}$e somos, pois, constantemente maltratados é porque estamos constantemente nos maltratando e/ou maltratando alguém.

A destinação do ser humano é ser feliz, pois todos fomos criados para desfrutar a felicidade como efetivo patrimônio e direito natural.

⌒

Fé é a convicção inabalável na "Sabedoria Divina", que é a própria Inteligência que rege a tudo e a todos.

Impor certa "distância psicológica" a entes queridos difíceis ou companheiros complicados, não significa que deixaremos de nos importar com eles, ou de amá-los ou de perdoar-lhes, mas sim que viveremos sem enlouquecer pela ânsia de tudo compreender, padecer, suportar e admitir.

Não há nada a corrigir ou a consertar em nós, a não ser melhorar a nossa própria forma de ver as coisas.

No Universo, tudo está "como deve ser"; não existe atraso nem erro, somente a manutenção e a segurança do "Poder Divino" garantindo a estabilidade e o aperfeiçoamento de suas criaturas e criações.

✵

O nível de saúde mental é medido a partir do grau de adaptação da criatura ao fluxo das novas idéias que aparecem de tempos em tempos.

As Bem-Aventuranças do Mestre nada mais são do que vias para se alcançar a iluminação, ou seja, elevar-se através da mansuetude, humildade e simplicidade, abandonando todo sentimento de personalismo.

Falar descontroladamente, sem raciocinar é considerado um vício, pois nos desconecta do equilíbrio e do bom senso.

𝒟evemos reavaliar nossas idéias retrógradas, que estreitam nossa personalidade, e, a partir daí, julgar os indivíduos de forma não generalizada, apreciando suas singularidades, pois cada pessoa tem uma consciência própria e diversificada

ᴠC

𝒜 liberdade de pensar e agir é um dos direitos mais sagrados do homem e, portanto, asas poderosas para o seu adiantamento espiritual.

Quem encontrou o seu lugar respeita invariavelmente o lugar dos outros, pois divisa a própria fronteira e, conseqüentemente, não ultrapassa o limite dos outros, colocando na prática o "amor ao próximo".

A tendência egoística é um estado instintivo, próprio do nosso grau evolutivo, e não um defeito de caráter incompreensível, nem uma imperfeição inexplicável da índole humana.

$\mathcal{A}$s leis espirituais que dirigem a vida são sábias e justas e adaptam-se particularmente a cada criatura, levando em conta suas individualidades.

⁕

$\mathcal{C}$ertos adultos vivem suas dificuldades interiores na vida da criança, tentando resolver seus problemas nos problemas infantis, sentindo-se destroçados ou vitoriosos conforme as derrotas e os triunfos dos filhos.

𝒫recisamos prestar atenção nos conteúdos de informação que recebemos, não somente pelas mensagens diretas, mas também por aquelas que absorvemos entre conteúdos simbólicos, inconscientes e subentendidos.

⁂

ℋá vício de nos acharmos sempre certos, para podermos suprir a enorme insegurança que existe em nós.

Assumir total responsabilidade por todas as coisas que acontecem em nossa vida, incluindo sentimentos e emoções, é um passo decisivo em direção a nossa maturidade e crescimento interior.

⁂

Toda alma superior tem um sistema de valores não baseado em regras rígidas; avalia os indivíduos, atos e atitudes com seu senso interior.

$\mathcal{S}$e criaturas afirmarem "idosos não têm direito ao amor", limitando o romance só para os jovens, elas estarão condenando-se a uma velhice de descontentamento e solidão afetiva, desprovida de vitalidade.

$\mathcal{T}$er fé é auscultar e perceber as "verdadeiras intenções" da ação divina em nós e, acima de tudo, é o discernimento de que tudo está absolutamente certo.

Outras pessoas ou situações poderão estimular-nos a ter certas reações, mas somente nós mesmos determinaremos quais serão e como serão essas reações.

❦

Perdoar não é apoiar comportamentos que nos tragam dores físicas ou morais, não é fingir que tudo corre muito bem quando sabemos que tudo em nossa volta está em ruínas.

Não vemos a verdade, conforme afirmou Jesus Cristo, porque nossa mente trabalha sem estar ligada aos nossos sentidos e emoções mais profundos.

As ilusões nos impedem que realmente tenhamos os olhos de ver, e porque não buscamos a verdade projetamos nos outros o que não podemos aceitar como nosso.

Nossas palavras são filamentos sonoros revestidos de nossos sentimentos, e nossas atitudes são o resultado de expressões assimiladas e determinadas pelo nosso comportamento mental.

ᴄ

As grandes tragédias não significam castigos e punições, porém maiores possibilidades futuras para a obtenção de uma melhoria de vida íntima.

*A*s insanidades físicas são quase sempre traduzidas como somatizações das recordações doentias de ódio e vingança, que, mantidas a longo prazo, resultam em doenças crônicas.

O amor tem que ser absolutamente incondicional. Enquanto for seletivo e preferencial, não será amor real.

*M*uitas vezes sentimos necessidade de "corrigir" opiniões, "indicar" caminhos, "induzir" experiências, privando as pessoas de exercer opções e de vivenciar suas próprias experiências.

※

*J*esus ensinou-nos a respeitar inicialmente as coisas da Terra, para que pudéssemos, então, amar as coisas da Vida Maior.

As ilusões de "tudo para mim" ou de "tudo girar em torno de mim" vêm do interesse individualista, resquício da animalidade por onde transitamos, em priscas eras, em contato com os reinos menores da natureza.

As causas das doenças somos nós sobre nós mesmos, e, para que tenhamos equilíbrio fisiológico, é preciso cuidar de nossas atitudes íntimas, conservando a harmonia na alma.

$\mathcal{H}$á muitas criaturas intransigentes e rigorosas que não entendem, impõem; não ensinam, pregam; não amam, manipulam; não respeitam, criticam; e por não usarem de sinceridade é que fazem o gênero de "suposta santidade".

❦

$\mathcal{O}$ Mestre afirmou-nos: "Eu e meu Pai somos um", querendo dizer que Ele era pleno, pois enxergava tudo no Universo como um "todo".

A Vida Maior tem inúmeras vias de inspiração e revelação, a fim de conduzir os indivíduos a seu desenvolvimento espiritual; portanto, não devemos nos arvorar em indispensáveis dignitários divinos.

Faculdade comum a todos, a mediunidade é nosso sexto sentido, ou seja, o sentido que capta, interpreta, organiza, percebe e sintetiza os outros cinco sentidos conhecidos.

*L*ancemos as sementes sem a pretensão de aplausos e reconhecimentos, mesmo porque talvez não haja florescimento imediato, mas na terra fértil dos sentimentos humanos haverá um dia em que o campo produzirá a seu tempo.

*C*ulpa quer dizer paralisação das nossas oportunidades de crescimento no presente em conseqüência da nossa fixação doentia em comportamentos do passado.

Prossigamos convictos de nosso ideal de amor, palmilhando nosso próprio caminho, cujo mapa está impresso em nosso coração.

⁂

O "arrependimento" resulta do quanto sabíamos fazer melhor e não o fizemos, enquanto que a culpa é, invariavelmente, a exigência de que deveríamos ter feito algo, porém não o fizemos por ignorância ou impotência.

$\mathcal{A}$ceitação não é adaptar-se a um modo conformista e triste de como tudo vem acontecendo, nem suportar e permitir qualquer tipo de desrespeito ou abuso à nossa pessoa; antes, é ter a habilidade necessária para admitir realidades, avaliar acontecimentos e promover mudanças.

༄

$\mathcal{H}$á vício de mentir constantemente para nós mesmos e para os outros, por não querermos tomar contato com a realidade.

A trilha que denominamos "errada" é aquela que nos possibilitou aprendizagem e o sentido do nosso "melhor", pois sem o erro provavelmente não aprenderíamos com segurança a lição.

Obedecer não é negar a vontade e o sentimento, mas exercitar o próprio poder de escolha para cooperar com os outros na produção de algo maior e melhor do que aquilo que se faria sozinho.

*C*ada ser tem seu próprio "marco individual" nas estradas da vida, e não nos é permitido violentar sua maneira de entender, comparando-o com outros, ou forçando-o com nossa impaciência para que "cresçam" e "evoluam", como nós acharíamos que deveria ser.

*S*ó conseguimos modificar aquilo que admitimos e que vemos claramente em nós mesmos.

Ser "simples" é saber usar a lógica e o bom senso que nascem da voz do coração. Por não serem ortodoxos, ou seja, conservadores intransigentes, e sim afeiçoados à reflexão constante das leis eternas e ao exercício da fé raciocinada, os "simples" reúnem melhores condições de observar a vida com os "olhos de ver".

Somos nômades do Universo, viajantes das vidas sucessivas, na busca do aperfeiçoamento.

$\mathcal{A}$ nós, somente, compete "semear"; sem esquecer, porém, que o crescimento e a fartura na colheita dependem da "chuva da determinação humana" e do "solo generoso" da psique do ser, onde houve a semeadura.

$\mathcal{E}$ moções são muito importantes. Através delas é que nos individualizamos e nos diferenciamos uns dos outros.

Cada dia é uma nova oportunidade para nos desvencilharmos de velhos conceitos, idéias fixas e reflexões obsoletas.

Nenhum ser humano deseja ser infeliz intencionalmente, pois nenhuma criatura ousa fazer alguma coisa de propósito, a fim de que venha a sofrer ou a se tornar derrotada.

$\mathcal{T}$er duas ou mais faces resulta gradativamente em uma psicose da vida mental, porque, de tanto representar, um dia perdemos a consciência de quem somos e do que queremos na vida.

$\mathcal{O}$ mais alto sistema de intercâmbio com a Vida em nós e fora de nós é a oração - escutar a Deus no âmago da própria alma.

*H*á tempo de começar, crescer, transformar e recomeçar, num eterno reciclar de experiências.

*C*ada pessoa que vive neste planeta deve aprender suas próprias lições, e é inconcebível tentarmos fazer os deveres por elas, porque cada uma aprende com suas próprias experiências.

$\mathcal{E}$fetivamente, nasceste e cresceste apenas para ser único no mundo. Em lugar algum existe alguém igual a tua maneira de ser.

༞

$\mathcal{M}$ediunidade é uma percepção mental por meio da qual a alma sutiliza, estimula e aguça seus sentidos, a fim de penetrar na essência das coisas e das pessoas.

$\mathcal{S}$ervir nem sempre será considerado virtude, visto que essa postura de nossa parte pode simplesmente estar camuflando uma obrigação compulsiva de agradar a todos.

$\mathcal{P}$or nosso quadro de valores ter sido adquirido de forma não vivencial é que nosso mundo íntimo está repleto de preconceitos e nosso nível ético encontra-se distante da realidade.

𝓕é é sentimento instintivo que nasce com o espírito. Crença inata, impulso íntimo fundamentado na "certeza absoluta" de que o Poder Divino, em toda e qualquer situação, está sempre promovendo e ampliando nosso crescimento pessoal.

༂

𝓜entalidade é a capacidade intelectual, ou seja, o conjunto de crenças, costumes, hábitos e disposições psíquicas de um indivíduo.

Jesus levou-nos à reflexão íntima, quando assegurou: "Eu estou no Pai e o Pai está em mim", formalizando assim a necessidade do nosso autoconhecimento como base vital para alcançarmos o Reino do Céus.

⁂

Para o espírito nada é inacessível, pois, quando percebe a razão de tudo e interpreta com exatidão a sabedoria de Deus, a vida para ele não tem fronteiras.

Quem dá afeto recolhe a felicidade de ver multiplicado aquilo que deu, mas somente damos de conformidade com aquilo de que podemos dispor no ato da doação.

※

Porque ainda não vemos as coisas sem o manto da ilusão é que acreditamos em prêmios e castigos; na realidade, suportamos apenas as conseqüências de nossos atos.

Quando crianças, somos como uma "argila frágil" ou mesmo como um "galho verde", prontos para ser modelados.

Auto-aceitação é aceitar o que somos e como somos. Não a confundamos como uma "rendição conformada", e que nada mais importa.

𝒜 criatura que aprendeu a ver o encadear dos fatos de sua vida, além de cooperar e fluir com ela, percebe que aquilo que lhe parecia negativo era apenas um "caminho preparatório" para alcançar posteriormente um Bem Maior.

𝒫erdoar não é "ser conivente" com as condutas inadequadas de parentes e amigos, mas ter compaixão, ou seja, entendimento maior através do amor incondicional.

𝓔scutar é fenômeno comum; no entanto, a capacidade de ouvir além das aparências das coisas e das palavras articuladas é fator de lucidez para quem já desenvolveu o "auscultar" das profundezas do espírito.

𝓢e criaturas como nós aceitamos as falhas dos outros, por que o Criador em sua infinita compreensão não nos aceitaria como somos?

A confiança em que tudo está justo e certo e em que não há nada a fazer, a não ser melhorar o nosso próprio modo de ver e entender as coisas, alicerça-se nas palavras de Jesus: "até os fios de cabelo da nossa cabeça estão todos contados".

D eixamos que os outros decidam quem realmente somos nós, colocando-nos, então, num estado de enorme impotência perante nossas vidas.

𝒫ara vencermos a doença é necessário interpretar o que o sintoma quer-nos alertar sobre o que precisamos fazer ou mudar para harmonizar nosso psiquismo descontrolado.

⁂

ℱé não equivale a uma "muleta vantajosa" que nos ajuda somente em nossas etapas difíceis, nem "providências de última hora" para alcançarmos nossos caprichos imediatistas.

𝒮ucessivos acontecimentos de "abandono" e "decepção" em nossa vida são mensagens silenciosas alertando-nos que nosso "grau de ilusão" ultrapassou os limites permitidos.

ℱilhos não são "livros em branco", mas almas antigas que carregam consigo enorme bagagem de experiências em seu "curriculum" espiritual.

𝒫erda de criaturas queridas pode ser a lição que nos vai livrar de atitudes possessivas e de apegos patológicos, tanto para quem parte como para quem fica.

𝒫elo fato de a Natureza ser uma verdadeira "vitrina" de biodiversidade ou multiplicidade de seres, é que cada indivíduo tem suas próprias ferramentas, úteis para laborar na lida social.

Cultivar o reino espiritual em nós facilita-nos escutar a verdade que Deus reservou para cada uma de suas criaturas.

No Universo nada existe que não tenha sua razão de ser. Tudo aquilo que parece desastroso e negativo em nossa existência, nada mais é que a vida articulando caminhos, para que possamos chegar onde estão nossos reais anseios de progresso.

Crianças que foram educadas sob a orientação de adultos incapazes de estabelecer limites às vontades e desejos delas, contentando-as de forma irrestrita, sem nenhuma barreira, desenvolveram dependências patológicas que geraram progressivamente uma acentuada incapacidade de resolver problemas.

Ter fé em Deus é reconhecer que a Natureza, "Arte Divina", garante nossa própria evolução.

𝒫odemos, sim, "sutilizar" nossas energias cármicas, amando, ou "desgastá-las" penosamente, se continuarmos a reafirmar nossas crenças punitivas do passado.

ᛝ

𝒰ma das mais eficientes técnicas de perdoar é retomar o vital contato com nós mesmos, desligando-nos de toda e qualquer "intrusão mental", para logo em seguida buscar uma real empatia com as pessoas.

*L*ágrimas são emoções materializadas que romperam as barreiras do corpo físico. Em realidade, representam os excessos de energia que necessitamos extravasar.

*M*udar para o amor como método de crescimento, reformulando idéias e reestruturando os valores antigos é sairmos da posição de vítimas, mártires ou pobres coitados.

*F*az-se necessário admitirmos nossos "pecados" porque somente dessa forma iremos confrontar-nos com nossos "sótãos fechados" e promover nosso amadurecimento espiritual.

A ferramenta vital para interligar os opostos chama-se amor, porque amar é buscar a unificação das pessoas e das coisas, pois ele quer fundir e não dividir.

Admitindo nossos lados positivo e negativo, passaremos a observar nossa ambivalência, rejeitando assim as barreiras que nos impedem de ser autênticos.

Nossos conflitos não conhecem as divisas da geografia e, se não encarados de frente e resolvidos, eles permanecerão conosco onde quer que estejamos na Terra.

Não nos façamos de superiores, aparentando comportamentos de "perfeição apressada"; isso não nos fará bem psiquicamente nem ao menos nos dará a oportunidade de fazer autoburilamento.

※

Por não recordarmos que o perdão a nós mesmos e aos outros é um poderoso instrumento de cura para todos os males, é que impedimos o passado de fluir, não dando ensejo à renovação.

$\mathcal{D}$esde o nascimento, somos todos extremamente sensíveis ao ambiente em que vivemos; por isso, os adultos devem meditar sobre as posturas que irão tomar em relação às crianças.

$\mathcal{F}$é plena não é só conquista repentina que aparece quando queremos; é também trabalho desenvolvido e assimilado ao longo do tempo.

𝒯oda opinião ou juízo que desenvolvemos no presente está intimamente ligado a fatos antecedentes.

※

𝒩ada está errado conosco, pois o que chamamos de "imperfeição" no mundo são apenas as lições não aprendidas ou não entendidas, que precisam ser recapituladas.

Certas pessoas, simplesmente por não conseguirem conviver com a verdade, tentam sufocar ou enclausurar seus sentimentos e emoções, disfarçando-os no inconsciente.

A lei divina não nos pede sofrimento para que cresçamos e evoluamos; pede-nos somente que amemos cada vez mais.

$\mathcal{V}$ícios são dependências vigorosas e profundas de uma pessoa que se encontra sob o controle de outras ou de determinadas coisas.

$\mathcal{N}$ossas atitudes devem realmente nascer de nossas inspirações mais íntimas, e não constituir uma forma de "reagir" contra as atitudes dos outros.

Talentos são impulsos naturais da alma adquiridos pela repetição de fatos semelhantes, através das vidas sucessivas.

Nossos sentimentos resultam dos processos de nossas percepções, emoções e sensações acumuladas ao longo das vidas pretéritas e da vida atual, e é através deles que temos toda uma forma peculiar de sentir e agir.

𝒩inguém pode nos fazer felizes ou infelizes, somente nós mesmos é que regemos o nosso destino. Sucessos ou fracassos são subprodutos de nossas atitudes construtivas ou destrutivas.

𝒫erdoar-nos resulta no amor a nós mesmos - o pré-requisito para alcançarmos a plenitude do "bem viver".

A terapia da prece é um método sempre eficaz: restaura-nos os sentimentos de paz e serenidade, propiciando-nos maior facilidade de harmonização interior.

※

O que vemos e sentimos está sintonizado com nosso modelo de "belo interior" e, por conseguinte, vislumbramos fora o que somos por dentro.

A gravidade e a duração dos teus sintomas de prostração e abatimento orgânico são diretamente proporcionais à persistência em manteres abertas tuas "velhas chagas" do passado.

*O*s perfeccionistas necessitam ser impecáveis, respondem a todas as perguntas, mesmo àquelas que não sabem corretamente.

𝒜dmitir a real responsabilidade por nossos atos e atitudes é aceitar a nossa realidade de vida - as metas que alteram a sina de nossa existência.

𝒰ma pessoa que "nunca diz não" só pode ser "desonesta", porque diz que "faz" e "dá" muito mais do que "tem" e "pode", expondo-se sempre ao risco de ser tachada de hipócrita.

𝒪 simples pedido labial não tem a mesma potência do pedido estruturado em pensamentos concretos e firmes atitudes interiores.

ℛequisitar dos outros o que eles ainda não podem dar é desrespeitar suas limitações emocionais, mentais e espirituais, ou seja, sua idade evolutiva.

Muitas informações captadas pelas crianças e adolescentes são transmitidas através da comunicação não-verbal: expressões corporais, mímicas, trejeitos do rosto, tonalidades, suspiros, lágrimas, gestos de contrariedade ou movimento das mãos.

Há vício incontido de gastar desnecessariamente, sem utilidade, a fim de adiarmos decisões importantes em nossa vida.

*R*egenerados (os seres conscientes) reconhecem que a vida é uma sucessão de ocorrências interdependentes, por possuírem a capacidade de observar as relações existenciais.

☾

*P*ara que encontres o teu lugar na vida, é necessário que tenhas uma "simplicidade lúcida", e o despojar dos teus enganos e fantasias fará com que encontres a autêntica humildade.

Uma das características mais tristes dos que dizem saber amar é a atitude submissa dos que nunca dizem "não", convencidos de que, sendo sempre passivos em tudo, receberão carinho e estima.

૪

Muitas criaturas vivem presas nos "ecos do pretérito", sem produtividade, sem retirar benefício algum da observação dos fatos, por não saber integrar passado/presente.

Carmas são atos e atitudes que denotas continuadas vezes, vida após vida, recebendo, como conseqüência, as reações decorrentes da tua liberdade de agir.

Quando desconhecemos os traços de nossa personalidade, condenamos fortemente e responsabilizamos os outros por aquilo que não podemos admitir em nós próprios.

Não negamos por ser turrões ou teimosos, como pensam alguns; não estamos nem mesmo mentindo a nós próprios. Aliás, "negar não é mentir", mas não se permitir "tomar consciência" da realidade.

Dever pode ser definido como um processo de auscultar a nós mesmos, descortinando nossa estrada interior.

A sinceridade é o melhor antídoto para afastar falsas amizades.

Dar importância às culpas é focalizar fatos passados com certa regularidade, sempre nos fazendo lembrar de alguma coisa que sentimos, ou deixamos de sentir, falamos ou deixamos de falar, permitimos ou deixamos de permitir, desperdiçando momentos valiosos do agora.

𝒜ceitação é bem uma maneira nova de "encarar" as circunstâncias da vida, para que a "força do progresso" encontre espaços e não mais limites na alma até então restrita.

𝒯ransformar ações amando é alterar teu carma para melhor, atraindo pessoas e situações harmoniosas para junto de ti.

Por que, então, não deixar o passado passar? Ficamos retidos a idéias e conceitos que nos foram válidos em determinadas épocas de nossa vida; atualmente, porém, é preciso renovação e libertação dos ranços do pretérito.

Insatisfação não se cura projetando-a sobre situações, pessoas, títulos, poder, posições sociais, mas reconhecendo a fonte que a produz.

Por não admitirmos o erro e por não percebermos que o único fracasso legítimo é aquele com o qual nada aprendemos.

Certas pessoas se orgulham ao proclamar-se conservadoras, esquecendo-se de que o "comodista", por medo ou estagnação, perde sua liberdade por não querer correr o risco de sair do lugar-comum.

$\mathcal{O}$ momento presente é o ideal para o nosso progresso, e nós só podemos "sentir o aqui e o agora", pois tentar sentir o ontem é "ressentir"; por conseqüência, nem sempre são válidas e autênticas nossas emoções do ontem.

$\mathcal{T}$oda cobrança fragiliza relacionamentos, e em verdade é uma questão de tempo para que tudo venha a ruínas.

𝒮omente se dá aquilo que se possui. Como, pois, exigir amor de alguém que ainda não sabe amar?

𝒜ceitar-se é ouvir calmamente as sugestões do mundo, prestando atenção nos "donos da verdade" e admitindo o modo de ser dos outros, mas permanecer respeitando a nós mesmos.

𝒜 Natureza em nós é força de progresso, e os homens evoluem sempre, não porém ao mesmo tempo e da mesma forma, mas naturalmente, obedecendo ao seu próprio ritmo.

❧

𝒯risteza, alegria, raiva ou medo são emoções básicas e deveremos usá-las como bússolas que nos nortearão os caminhos da vida.

Ninguém sente exatamente igual, isto é, com a mesma potência e intensidade, seja no entusiasmo em uma situação prazerosa, seja na frustração ao observar uma meta perdida.

Ao ignorarmos nossas reações emocionais, não investigando sua origem em nós mesmos, teremos sempre a tendência de projetá-las nos outros.

$\mathcal{E}$m família, não viemos à Terra só para fazer o que queremos, para satisfazer nossos caprichos ou nos agradar, pois não devemos nos ver como devedores ou cobradores uns dos outros, mas como criaturas companheiras que vieram cumprir uma trajetória evolutiva.

※

$\mathcal{P}$or não nos conhecermos em profundidade é que temos medo de nos mostrar como realmente somos.

Cada um dá o que tem, vive do jeito que pode, percebe da maneira que vê, admitindo que, por se tratar de tendências, talentos e vocações, todos nós temos a peculiar necessidade de "ser como somos" e "estar onde quisermos".

Há vício de nos lamentarmos sistematicamente, colocando-nos como vítima em face da vida, para continuarmos recebendo a atenção dos outros.

$\mathcal{D}$evemos abrir o círculo da afetividade para outros seres e perceber o quanto é saudável e imensamente vitalizante essa postura.

✧

$\mathcal{A}$nalisemos: "As condutas alheias que mais nos irritam são aquelas que não admitimos estar em nós mesmos"; "os outros nos servem de espelho, para que realmente possamos nos reconhecer".

Nem sempre conseguimos mascarar por muito tempo nossas verdadeiras intenções e planos matreiros. Não dá para enganar as pessoas por tempo indeterminado.

Agarrar-se a familiares de modo exagerado gera desajustes e doenças psicológicas das mais diversas características.

A mediunidade nunca deverá ser vista como "láurea" ou "corretivo", mas unicamente como "receptor sensório" - produto do processo de desenvolvimento da natureza humana.

☙

*O*s seres humanos sensíveis estão despertos tanto em seus sentidos externos quanto internos, estão vivos em plenitude, pois experimentam a atmosfera de cada momento.

$\mathcal{M}$aquilagens impecáveis, jóias reluzentes, perfumes caros, roupas da moda e óculos charmosos fazem parte do nosso arsenal de guerra para ludibriar e corromper, para avançar sinais e para comprar consciências.

$\mathcal{C}$ada criança é um mundo à parte. Embora existam necessidades generalizadas para todas, também a individualidade de cada uma deve ser respeitada.

𝒫recisamos combater nossa tendência de ser "bonzinhos", ou melhor, de desejar ser sempre agradáveis aos outros, mesmo pagando o preço de nos desagradar.

❦

𝒪s indivíduos que retiraram máscaras, que inicialmente lhes davam um certo conforto e segurança, reconhecem depois que elas os aprisionavam por entre grilhões e opressões.

𝓗á vício de trabalhar descontroladamente, sem interrupção, para nos distrairmos interiormente, evitando desse modo os conflitos que não temos coragem de enfrentar.

𝓟recisamos conscientizar-nos de que somos seres humanos livres por natureza, mas também responsáveis por nossos atos e pensamentos, pois recebemos por herança natural o livre-arbítrio.

$\mathcal{T}$emos que estimular nossa habilidade de dizer "não", quantas vezes forem necessárias, desenvolvendo assim nosso "senso de autonomia", a fim de não cair nos "modismos" ou "pressões grupais".

$\mathcal{O}$s costumes de uma época refletem de tal maneira sobre os indivíduos que eles passam a vê-los primeiramente como "normas sociais", depois como "valores morais", culminando finalmente como "ordens divinas".

Necessitamos estabelecer no ambiente familiar um clima de respeito e liberdade, eliminando relações de superdependência "simbióticas", para que possamos ser nós mesmos e deixemos os outros ser eles mesmos.

Devemos criar padrões de comportamentos positivos, pois comportamentos são hábitos, e nossos hábitos determinam a facilidade de aceitarmos ou não as circunstâncias da vida.

𝒫essoas amarradas por normas opressoras mal podem respirar o ar de suas próprias idéias e mal podem se locomover para o crescimento interior, porque aspirações são anuladas, gestos são vigiados, anseios são negados constantemente.

ℋá vício de criticar e mal julgar as pessoas, para nos sentirmos maiores e melhores que elas.

𝒥esus tinha "senso de alma", ou seja, bom senso, porque usava sua sensibilidade e lógica para orientar a si mesmo e aos outros que lhe escutavam as lições de sabedoria.

𝒯udo está integrado em tudo: as águas necessitam das plantas e vice-versa; os animais, das florestas; e os homens fazem parte desse elo ecológico, não como parte imprescindível, mas como parte integradora.

O que é moral ou imoral é relativo, em se tratando de costumes e regras sociais, porque em cada tempo, em cada era e em cada povo mudam-se as leis sociais, mudam-se os valores, muda-se a moral social. A moral à qual se reportava o Cristo de Deus não era aquela estabelecida pelos padrões imperfeitos do conhecimento humano.

❦

O ontem já passou. Agora é a melhor ocasião para o teu crescimento e renovação.

$\mathcal{E}$moções não são certas ou erradas, boas ou impróprias, mas apenas energias que dependem do direcionamento que dermos a elas. Reconhecê-las ou admiti-las não significa, de modo algum, que vamos sempre agir de acordo com elas.

$\mathcal{N}$inguém nos condena, nós é que cremos no castigo e por isso nos autopunimos, provocando padecimento com nossos gestos mentais.

Não se auto-responsabilizar por feitos e atitudes no presente, inocentando-se e lançando desculpas pelos desatinos do passado, é assumir a condição de injustiçado, ou mesmo, de vítima.

∾

Muitas vezes, "doamos coisas" ou "favorecemos pessoas", a fim de proporcionar a nós mesmos, temporariamente, uma sensação de bem-estar, de poder íntimo ou de vaidade pessoal.

Quando negadas ou reprimidas, as emoções não desaparecem como por encanto; ao contrário, sendo energias, elas se alojarão em determinados órgãos e congestionarão as entranhas mais íntimas.

Estado de egoísmo - um conjunto enorme de ilusões, que nos tira do senso de realidade e de uma compreensão mais acurada de tudo e de todos.

As dores da separação de filhos, cônjuges, irmãos e amigos podem ser agravadas, se a elas juntarmos o sentimento de culpa, remorso, dependência, conser- vadorismo, medo e não-aceitação.

∾

A reencarnação faz o ser humano exercitar a independência, quando propõe que ele é um viajante temporário entre pessoas, sexo, profissão, países, continentes ou mundos.

Também os caminhos inadequados que tomamos ao longo da vida são parte essencial de nossa educação. A cada tropeço é preciso aprender a levantar novamente e retornar à marcha.

꽃

Auto-responsabilidade é uma dádiva que nos confere o poder de criar mudanças, pois geralmente preferimos nos desculpar, jogando a responsabilidade de nossos atos nos ombros alheios, ou nas vidas passadas.

*A*ceitemos sem condenação todas as sendas que percorremos. Todas são válidas se lhes aproveitarmos os elementos educativos, porque, assim somadas, nos darão sabedoria para outras caminhadas mais felizes.

*C*aridade não consiste em assumir e comandar sentimentos, decisões, bem-estar, problemas, evolução e destino das pessoas, aquilo, enfim, que elas podem e devem fazer por si mesmas.

As trilhas que anotamos como caminhos do mal, não são excursões negativas de perdição perante a vida, mas somente equivocadas opções do nosso livre-arbítrio, que não deixam de ser reeducativas e compensatórias a longo prazo.

Quanto mais limitada e particularizada for a maneira de viver o amor, menor será nossa consciência de que todos os seres humanos têm uma capacidade ilimitada de amar.

$\mathcal{D}$esapego quer dizer o sentimento de alguém que desenvolveu sua capacidade de avaliar e selecionar o que "pode" e o que "deve fazer", estruturado em seu próprio senso de autonomia.

$\mathcal{T}$udo o que sabemos hoje aprendemos com os acertos e erros do passado, e cada vez que desistimos de alguma coisa por medo de errar estamos nos privando da possibilidade de evoluir e viver.

Os sentimentos verdadeiros não são mercadorias permutáveis, mas alimentos nutrientes das almas, os quais nos dão fortalecimento durante as provas e reerguimento perante as lutas expiatórias.

Perdoar é desenvolver um sentimento profundo de compreensão, por saber que nós e os outros ainda estamos distantes de agir corretamente.

BN boa nova

Av. Porto Ferreira, 1031
Parque Iracema
CEP 15809-020
Catanduva-SP

www.**boanova**.net
boanova@boanova.net

📞 17 3531.4444
💬 17 99257.5523
📷 @boanovaed
f boanovaed
▶ boanovaeditora

Acesse nossa loja

Fale pelo whatsapp